TIMES SQUARE ▣ CHURCH

De

Fecha

"Clama a mí y te responderé..."
—Jeremías 33:3, NVI

Traducido del inglés por Times Square Church Languages.

Publicado por by Carpenter's Son Publishing
www.christianbookservices.com

Impreso en Estados Unidos de América

ISBN: 978-1-956370-90-4

Diseño de portada por Hybrid Studios

Diseño interior por Hybrid Studios

101 Versículos bíblicos para ayudarte
A hablar con Dios cada día

Oración 101

Aprende a hablar con Dios
Cuando necesitas **ayuda**

TIM DILENA

"Pero Tú dijiste..."

Citando a Dios Su palabra:
Así es como realmente oramos

En el libro de Génesis hay una oración que suele pasarse por alto, pero que es muy importante. Es la oración de un hombre que estaba en crisis. Su nombre era Jacob, y estaba a punto de enfrentarse a un problema de hacía 20 años. El nombre de ese problema era Esaú, su hermano. La relación de ambos fue destruida por el engaño y robo que cometió Jacob décadas antes. Sin previo aviso, Jacob se enteró de que él y su hermano se encontrarían de forma inminente. La última vez que Jacob estuvo con su familia, le dijeron que Esaú quería hacerle daño. Así que esto estaba muy presente en su mente.

Teniendo en cuenta estos antecedentes, Jacob hizo esta oración:

"Pero Tú dijiste: 'Ciertamente te haré bien, y multiplicaré tu descendencia como la arena del mar, que no se puede contar...'" (Génesis 32:12, ESV)

Jacob no oró por la victoria. Tampoco oró para que no se diera el encuentro con su hermano. La oración de Jacob se basó en 3 palabras. Esas primeras 3 palabras son las que hacen esta, o cualquier otra oración poderosa. Jacob dijo: **"Pero Tú dijiste..."** Jacob estaba citando lo que Dios le había dicho 20 años antes en Génesis 28. La oración de Jacob estaba citando la Palabra de Dios de vuelta a Él.

"Pero Tú dijiste" es la respuesta a una crisis. Es la oración de un hombre que no tiene idea de lo que traerá ese encuentro con su hermano. Es una lección sobre **cómo enfrentar las batallas con oración utilizando la Palabra de Dios, y sobre creer en la intervención del Señor.**

"Pero Tú dijiste" no es desafiar a Dios, más bien, es desafiar una situación al incluir la Palabra de Dios en ella. Jacob no estaba desafiando la Palabra de Dios; estaba incluyéndola en su oración y en el embrollo que había creado.

La oración de Jacob cambió el encuentro. ¿Por qué Esaú traería 400 hombres con él, si su intención era sólo abrazar a su hermano y olvidar el pasado? ¡No necesitas 400 hombres para eso!

Después de que Jacob oró, después de que Jacob citó a Dios Su Palabra, Dios intervino. Génesis 33:4 (NBLA) dice: "Esaú corrió a su encuentro y lo abrazó, y echándose sobre su cuello lo besó, y ambos lloraron." ¿Quién habría esperado eso?

La oración poderosa es aquella en la que puedes decirle a Dios, "Pero Tú dijiste". Ese "Pero Tú dijiste" nos da autoridad en la oración.

Declararle a Dios Sus propias palabras **es poderoso** porque apela a la veracidad de Dios. La **veracidad de Dios** significa que **Dios siempre dice la verdad.** En otras palabras: **Dios no puede mentir** (Hebreos 6:18; Tito 1:2). Dios siempre será fiel a lo que ha dicho, ya sea hace 20 años o hace 2.000 años.

Jacob le recuerda a Dios Sus propias palabras, como un niño les recordaría a sus padres algo que le han prometido. Es como si Jacob supiera que **Dios siempre cumple Su Palabra.** Esta es la razón por la que **la lectura diaria de la Biblia te ayuda a orar de manera**

más efectiva. Dios siempre responde a Su Palabra.

1 Juan 5:14-15 (NVI) dice: "Esta es la confianza que tenemos al acercarnos a Dios: que, si pedimos cualquier cosa conforme a su voluntad, Él nos oye. Y si sabemos que Dios oye todas nuestras oraciones, podemos estar seguros de que ya tenemos lo que le hemos pedido."

Su voluntad se encuentra en Su Palabra. Entonces, cuando pedimos de acuerdo con Su Palabra, Él nos escucha. Recuerda siempre que la Biblia es la Palabra de Dios. Cuando la Biblia habla, Dios habla. Así que citar la Biblia en oración es en realidad citar a Dios en oración. La oración efectiva es la que devuelve la palabra de Dios a Dios.

Tomemos nota de la oración de Jacob cuando enfrentó su crisis. Cuando leas estos versículos durante tu tiempo de oración, declara como Jacob, **"Pero Tú dijiste." Cita a Dios Sus palabras.**

Tienes en tu mano 101 promesas bíblicas con las que puedes decirle a Dios: "Pero Tú dijiste". Puedes decirlo sabiendo que Dios siempre cumple su palabra. Algunas personas me han dicho, "Cuando oro, no sé qué decir". Éste pequeño libro es la respuesta a esa pregunta. Si te estás preguntando qué decir en oración, simplemente cita a Dios Sus palabras. Enfrentarás situaciones en las que la gente dirá cosas, tu mente dirá cosas, incluso las circunstancias dirán cosas, pero ahí es cuando te pondrás de rodillas y le dirás a Dios: **"Pero Tú dijiste"**.

VE MÁS ALLÁ

Mira el mensaje que inspiró este libro

Descubre el poder de decir "PERO TÚ DIJISTE" si quieres que Dios escuche tu oración.

Escanea este código QR
o visita **youtu.be/K2MBMC8QvSc**

Tabla de Contenidos

Cuando necesito **Esperanza** en la lucha

Salmos 34:17 (LBLA)

"Claman los justos, y el Señor los oye, y los libra de todas sus angustias."

Isaías 54:17 (LBLA)

"Ningún arma forjada contra ti prosperará."

1 Juan 4:4 (RVC)

"Mayor es el que está en ustedes que el que está en el mundo."

Isaías 59:19 (RVC)

"El enemigo vendrá como un río caudaloso, pero el espíritu del Señor desplegará su bandera contra él."

Romanos 8:31 (RVC)

"¿Qué más podemos decir? Que si Dios está a nuestro favor, nadie podrá estar en contra de nosotros."

Notas

Pero Tú dijiste esto... sobre la esperanza en la lucha.

Cuando necesito **Sanidad**

Salmos 30:2 (NVI)

"Señor mi Dios, te pedí ayuda y me sanaste."

Jeremías 17:14 (NVI)

"Sáname, Señor, y seré sanado; sálvame y seré salvo, porque tú eres mi alabanza."

Hebreos 13:8 (NVI)

"Jesucristo es el mismo ayer, hoy y por siempre."

Isaías 53:5 (NVI)

"Él fue traspasado por nuestras rebeliones y molido por nuestras iniquidades. Sobre él recayó el castigo, precio de nuestra paz y gracias a sus heridas fuimos sanados."

Éxodo 23:25 (NIV)

"«Adora al Señor tu Dios,
y él bendecirá tu pan y tu agua.»
Yo apartaré de ustedes toda enfermedad."

Notas

Pero Tú dijiste esto... sobre la sanidad.

Cuando necesito **Protección**

Proverbios 18:10 (NBLA)
"El nombre del Señor es torre fuerte,
A ella corre el justo y está a salvo."

Salmos 121:7–8 (NVI)
"El Señor te cuidará;
de todo mal guardará tu vida.
El Señor cuidará tu salida y tu
entrada, desde ahora y para
siempre."

Hebreos 13:5–6 (RVC)

"Porque Dios ha dicho: «No te desampararé, ni te abandonaré». Así que podemos decir con toda confianza: «El Señor es quien me ayuda; no temeré lo que pueda hacerme el hombre.»"

Salmos 34:7 (NVI)

"El ángel del Señor acampa en torno a los que le temen; a su lado está para librarlos."

Salmos 91:11 (RVC)
"El Señor mandará sus ángeles a ti, para que te cuiden en todos tus caminos."

Proverbios 1:33 (NVI)
"Pero los que me oyen vivirán tranquilos, sin sobresaltos ni temor de ningún mal."

Isaías 43:2

"Cuando pases por las aguas, yo estaré contigo; cuando cruces los ríos, no te anegarán. Cuando pases por el fuego, no te quemarás, ni las llamas arderán en ti."

Pero Tú dijiste esto... sobre la protección.

Cuando necesito **Provisión**

Filipenses 4:19–20 (LBLA)

"Y mi Dios proveerá a todas vuestras necesidades, conforme a sus riquezas en gloria en Cristo Jesús. A nuestro Dios y Padre sea la gloria por los siglos de los siglos. Amén."

Efesios 3:20 (RVC)

"Y a Aquel que es poderoso para hacer que todas las cosas excedan a lo que pedimos o entendemos, según el poder que actúa en nosotros."

Proverbios 11:25 (LBLA)

"El alma generosa será prosperada."

Proverbios 19:17 (LBLA)

"El que se apiada del pobre presta al Señor, y Él lo recompensará por su buena obra."

Proverbios 3:9–10 (NVI)

"Honra al Señor con tus riquezas y con los primeros frutos de tus cosechas. Así tus graneros se llenarán a reventar y tus bodegas rebosarán de vino nuevo."

Notas

Pero Tú dijiste esto... sobre la provisión.

Cuando enfrento **Depresión**

Salmos 34:18 (NVI)

"El Señor está cerca de los quebrantados de corazón,
y salva a los de espíritu abatido."

Lamentaciones 3:20–23 (NVI)

"Recuerdo esto bien y por eso me deprimo. Pero algo más me viene a la memoria, lo cual me llena de esperanza: Por el gran amor del Señor no hemos sido consumidos y su compasión jamás se agota. Cada mañana se renuevan sus bondades; ¡muy grande es su fidelidad!"

Isaías 41:9–10 (NTV)

"Te he llamado desde los confines de la tierra, diciéndote: "Eres mi siervo". Pues te he escogido y no te desecharé. No tengas miedo, porque yo estoy contigo; no te desalientes, porque yo soy tu Dios. Te daré fuerzas y te ayudaré; te sostendré con mi mano derecha victoriosa."

Salmos 9:9 (NTV)

"El Señor es un refugio para los oprimidos, un lugar seguro en tiempos difíciles."

Salmos 30:5 (NTV)

"El llanto podrá durar toda la noche, pero con la mañana llega la alegría."

Salmos 143:7–8 (NTV)

"Ven pronto, Señor, y respóndeme, porque mi abatimiento se profundiza. No te apartes de mí, o moriré. Hazme oír cada mañana acerca de tu amor inagotable, porque en ti confío. Muéstrame por dónde debo andar, porque a ti me entrego."

Pero Tú dijiste esto... sobre enfrentar la depresión.

Cuando me cuesta **Descansar y Dormir**

Proverbios 3:24 (NVI)

"Al acostarte, no tendrás temor alguno; te acostarás y dormirás tranquilo."

Salmos 3:5 (NVI)

"Yo me acuesto, me duermo y vuelvo a despertar, porque el Señor me sostiene."

Mateo 11:28 (NVI)

"Vengan a mí todos ustedes que están cansados y agobiados; yo les daré descanso."

Salmos 4:8 (NVI)

"En paz me acuesto y me duermo, porque solo tú, Señor, me haces vivir confiado."

Salmos 127:2 (NVI)

"En vano madrugan ustedes y se acuestan muy tarde para comer un pan de fatigas, porque Dios lo da a sus amados mientras duermen."

Pero Tú dijiste esto... sobre el descanso y el sueño.

Cuando mi **Mente está Turbada**

Filipenses 4:8 (RVC)

"Por lo demás, hermanos, piensen en todo lo que es verdadero, en todo lo honesto, en todo lo justo, en todo lo puro, en todo lo amable, en todo lo que es digno de alabanza; si hay en ello alguna virtud, si hay algo que admirar, piensen en ello."

Isaías 26:3 (RVC)

"Tú guardas en completa paz
a quien siempre piensa en ti
y pone en ti su confianza."

2 Tesalonicenses 3:3 (RVC)

"Pero el Señor es fiel, y él los fortalecerá y guardará del mal."

Colosenses 3:2–3 (RVC)

"Pongan la mira en las cosas del cielo, y no en las de la tierra. Porque ustedes ya han muerto, y su vida está escondida con Cristo en Dios."

Juan 14:1 (LBLA)

"No se turbe vuestro corazón; creed en Dios, creed también en mí."

Notas

Pero Tú dijiste esto... sobre estar preocupado.

Cuando no puedo dejar un **Mal Hábito**

Salmos 119:45 (NVI)

"Viviré con toda libertad,
porque he buscado tus preceptos."

2 Corintios 5:17 (RVC)

"De modo que si alguno está en Cristo, ya es una nueva creación; atrás ha quedado lo viejo: ¡ahora ya todo es nuevo!"

1 Pedro 2:16 (LBLA)

"Andad como libres, pero no uséis la libertad como pretexto para la maldad, sino empleadla como siervos de Dios."

Gálatas 5:1 (NVI)

"Cristo nos libertó para que vivamos en libertad. Por lo tanto, manténganse firmes y no se sometan nuevamente al yugo de esclavitud."

Juan 8:36 (RVC)

"Así que, si el Hijo los liberta, serán verdaderamente libres."

2 Corintios 3:17 (NVI)

"Ahora bien, el Señor es el Espíritu, y donde está el Espíritu del Señor, allí hay libertad."

Notas

Pero Tú dijiste esto... sobre los malos hábitos.

Cuando **la Preocupación y la Ansiedad** Se apoderan de mi

Filipenses 4:6–7 (NVI)

"No se preocupen por nada; más bien, en toda ocasión, con oración y ruego, presenten sus peticiones a Dios y denle gracias. Y la paz de Dios, que sobrepasa todo entendimiento, cuidará sus corazones y sus pensamientos en Cristo Jesús."

1 Pedro 5:7 (NVI)

"Depositen en él toda ansiedad, porque él cuida de ustedes."

Salmo 107:28 (LBLA)

"En su angustia clamaron al Señor y él los sacó de sus aflicciones."

Salmos 55:22 (NVI)

"Entrégale tus afanes al Señor
y él te sostendrá; no permitirá
que el justo caiga y quede abatido
para siempre."

Mateo 6:33–34 (NVI)

"Más bien, busquen primeramente el reino de Dios y su justicia, entonces todas estas cosas les serán añadidas. Por lo tanto, no se preocupen por el mañana, el cual tendrá sus propios afanes. Cada día tiene ya sus problemas."

Pero Tú dijiste esto... sobre la preocupación y la ansiedad.

Cuando necesito las **Palabras Correctas**

Proverbios 16:21 (LBLA)

"El sabio de corazón será llamado prudente, y la dulzura de palabras aumenta la persuasión."

Proverbios 17:28 (LBLA)

"Aun el necio, cuando calla, es tenido por sabio, cuando cierra los labios, por prudente."

Proverbios 15:1 (LBLA)

"La suave respuesta aparta el furor, más la palabra hiriente hace subir la ira."

Proverbios 15:2 (LBLA)

"La lengua del sabio hace grato el conocimiento, pero la boca de los necios habla necedades."

Proverbios 18:21 (LBLA)

"Muerte y vida están en poder de la lengua, y los que la aman comerán su fruto."

Notas

Pero Tú dijiste esto... sobre la necesidad de las palabras correctas.

Cuando necesito el **Poder de la Oración**

Jeremías 33:3 (RVC)

"Clama a mí, y yo te responderé; te daré a conocer cosas grandes y maravillosas que tú no conoces."

Marcos 11:24 (RVC)

"Por tanto, les digo: Todo lo que pidan en oración, crean que lo recibirán, y se les concederá."

Mateo 7:7–8 (LBLA)

"Pedid, y se os dará; buscad, y hallaréis; llamad, y se os abrirá. Porque todo el que pide, recibe; y el que busca, halla; y al que llama, se le abrirá."

Romanos 8:26 (LBLA)

"Y de la misma manera, también el Espíritu nos ayuda en nuestra debilidad; porque no sabemos orar como debiéramos, pero el Espíritu mismo intercede por nosotros con gemidos indecibles."

Jeremías 29:12–14 (LBLA)

"Me invocaréis, y vendréis a rogarme, y yo os escucharé. Me buscaréis y me encontraréis, cuando me busquéis de todo corazón. Me dejaré hallar de vosotros» declara el Señor."

Pero Tú dijiste esto... sobre el poder de la oración.

Cuando estoy en un **Entorno Difícil**

Colosenses 3:23–24 (LBLA)

"Y todo lo que hagáis, hacedlo de corazón, como para el Señor y no para los hombres, sabiendo que del Señor recibiréis la recompensa de la herencia. Es a Cristo el Señor a quien servís."

1 Pedro 2:12 (LBLA)

"Mantened entre los gentiles una conducta irreprochable, a fin de que en aquello que os calumnian como malhechores, ellos, por razón de vuestras buenas obras, al considerarlas, glorifiquen a Dios en el día de la visitación."

1 Pedro 2:13–15 (LBLA)

"Someteos, por causa del Señor, a toda institución humana, ya sea al rey, como autoridad, o a los gobernadores, como enviados por él para castigo de los malhechores y alabanza de los que hacen el bien. Porque esta es la voluntad de Dios: que haciendo bien, hagáis enmudecer la ignorancia de los hombres insensatos."

Proverbios 16:7 (NVI)

"Cuando el Señor aprueba la conducta de un hombre, hasta con sus enemigos lo reconcilia."

Efesios 6:7–8 (LBLA)

"Servid de buena voluntad, como al Señor y no a los hombres, sabiendo que cualquier cosa buena que cada uno haga, esto recibirá del Señor, sea siervo o sea libre."

1 Pedro 2:18–19 (LBLA)

"Siervos, estad sujetos a vuestros amos con todo respeto, no solo a los que son buenos y afables, sino también a los que son insoportables. Porque esto halla gracia, si por causa de la conciencia ante Dios, alguno sobrelleva penalidades sufriendo injustamente."

Pero Tú dijiste esto... sobre los entornos difíciles.

Cuando necesito

Ayuda para Perdonar

Proverbios 17:9 (RVC)

"El que perdona el pecado, busca afecto; el que lo divulga, aleja al amigo."

Colosenses 3:13 (LBLA)

"Soportándoos unos a otros y perdonándoos unos a otros, si alguno tiene queja contra otro; como Cristo os perdonó, así también hacedlo vosotros."

Proverbios 19:11 (LBLA)

"Y su gloria es pasar por alto una ofensa."

Marcos 11:25 (LBLA)

"Y cuando estéis orando, perdonad si tenéis algo contra alguien, para que también vuestro Padre que está en los cielos os perdone vuestras transgresiones."

Efesios 4:32 (LBLA)

"Sed más bien amables unos con otros, misericordiosos, perdonándoos unos a otros, así como también Dios os perdonó en Cristo."

Pero Tú dijiste esto... sobre perdonar.

Cuando necesito **Fuerza**

2 Corintios 12:9 (RVC)

"Él me ha dicho: «Con mi gracia tienes más que suficiente, porque mi poder se perfecciona en la debilidad.»"

Salmos 28:7–8 (NTV)

"El Señor es mi fortaleza y mi escudo; confío en él con todo mi corazón. Me da su ayuda y mi corazón se llena de alegría; prorrumpo en canciones de acción de gracias. El Señor le da fuerza a su pueblo; es una fortaleza segura para su rey ungido."

Salmos 73:26 (RVC)

"Aunque mi cuerpo y mi corazón desfallecen, tú, Dios mío, eres la roca de mi corazón, ¡eres la herencia que para siempre me ha tocado!"

Nehemías 8:10 (NTV)

"¡No se desalienten ni entristezcan, porque el gozo del Señor es su fuerza!"

Filipenses 4:13 (LBLA)

"Todo lo puedo en Cristo que me fortalece."

Pero Tú dijiste esto... sobre la fuerza.

Cuando necesito **Dirección**

Proverbios 16:3 (NVI)
"Pon en manos del Señor todas tus obras y tus proyectos se cumplirán."

Salmos 32:8 (LBLA)
"Yo te haré saber y te enseñaré
el camino en que debes andar;
te aconsejaré con mis ojos
puestos en ti."

Isaías 30:21 (LBLA)
"Tus oídos oirán detrás de ti una palabra: Este es el camino, andad en él, ya sea que vayáis a la derecha o a la izquierda."

Proverbios 3:5–6 (RVC)

"Confía en el Señor de todo corazón, y no te apoyes en tu propia prudencia. Reconócelo en todos tus caminos, y él enderezará tus sendas."

Santiago 1:5 (RVC)

"Si alguno de ustedes requiere de sabiduría, pídasela a Dios, y él se la dará, pues Dios se la da a todos en abundancia y sin hacer ningún reproche."

Notas

Pero Tú dijiste esto... sobre la dirección.

Cuando **el Miedo** intenta controlarme

Salmos 23:4 (RVC)
"Aunque deba yo pasar por el valle más sombrío, no temo sufrir daño alguno, porque tú estás conmigo; con tu vara de pastor me infundes nuevo aliento."

Salmos 27:1 (RVC)
"El Señor es mi luz y mi salvación; ¿a quién podría yo temer? El Señor es la fortaleza de mi vida; ¿quién podría infundirme miedo?"

Isaías 41:10 (RVC)

"No tengas miedo, que yo estoy contigo; no te desanimes, que yo soy tu Dios. Yo soy quien te da fuerzas, y siempre te ayudaré; siempre te sostendré con mi justiciera mano derecha."

2 Timoteo 1:7 (RVC)
"Porque no nos ha dado Dios un espíritu de cobardía, sino de poder, de amor y de dominio propio."

Salmos 34:4 (RVC)
"Busqué al Señor, y él me escuchó, y me libró de todos mis temores."

Proverbios 3:25–26 (NVI)

"No temerás ningún desastre repentino, ni la desgracia que sobreviene a los impíos. Porque el Señor estará siempre a tu lado y te librará de caer en la trampa."

Notas

Pero Tú dijiste esto... sobre el miedo.

Cuando necesito que un **Amigo Encuentre a Dios**

Hechos 16:31 (NVI)

"Cree en el Señor Jesús; así tú y tu familia serán salvos —contestaron."

Romanos 10:1 (NVI)

"Hermanos, el deseo de mi corazón y mi oración a Dios por los israelitas es que lleguen a ser salvos."

Ezequiel 11:19 (NTV)

"Les daré integridad de corazón y pondré un espíritu nuevo dentro de ellos. Les quitaré su terco corazón de piedra y les daré un corazón tierno y receptivo."

Mateo 19:25–26 (NVI)

"Al oír esto, los discípulos
quedaron asombrados y decían:
—En ese caso, ¿quién podrá salvarse?
—Para los hombres es imposible —
aclaró Jesús, mirándolos fijamente—,
mas para Dios todo es posible."

Gálatas 4:19 (NTV)

"¡Oh mis hijos queridos! Siento como
si volviera a sufrir dolores de parto
por ustedes, y seguirán hasta que
Cristo se forme por completo en
sus vidas."

Notas

Pero Tú dijiste esto... sobre un amigo que encuentra a Dios.

Cuando solo necesito Un poco **de Ayuda**

Salmos 46:1 (NVI)

"Dios es nuestro refugio y nuestra fortaleza, nuestra segura ayuda en momentos de angustia."

Hebreos 13:6 (NVI)

"Así que podemos decir con toda confianza: «El Señor es quien me ayuda, no tengo miedo; ¿qué me puede hacer un simple mortal?»."

Hebreos 4:16 (NTV)

"Así que acerquémonos con toda confianza al trono de la gracia de nuestro Dios. Allí recibiremos su misericordia y encontraremos la gracia que nos ayudará cuando más la necesitemos."

Salmos 121:1–3 (NTV)

"Levanto la vista hacia las
montañas; ¿viene de allí mi ayuda?
¡Mi ayuda viene del Señor,
quien hizo el cielo y la tierra!
Él no permitirá que tropieces;
el que te cuida no se dormirá."

Juan 14:16–17 (NVI)

"Y yo pediré al Padre y él les dará otro Consolador para que los acompañe siempre: el Espíritu de verdad."

Salmos 54:4 (NTV)

"Pero Dios es mi ayudador; ¡el Señor me mantiene con vida!"

Pero Tú dijiste esto... sobre la ayuda.

Cuando necesito saber que **Dios tiene el Control**

1 Corintios 10:13 (NVI)

"Ustedes no han sufrido ninguna tentación que no sea común al género humano. Pero Dios es fiel y no permitirá que ustedes sean tentados más allá de lo que puedan aguantar. Más bien, cuando llegue la tentación, él les dará también una salida a fin de que puedan resistir."

Job 42:2 (NTV)

"Sé que todo lo puedes,
y que nadie puede detenerte."

Josué 1:9 (NTV)

"Mi mandato es: "¡Sé fuerte y valiente! No tengas miedo ni te desanimes, porque el Señor tu Dios está contigo dondequiera que vayas."

Romanos 8:28 (NTV)

"Y sabemos que Dios hace que todas las cosas cooperen para el bien de quienes lo aman y son llamados según el propósito que él tiene para ellos."

Notas

Pero Tú dijiste esto... sobre que Dios tiene el control.

Una última cosa antes de que terminemos

Hay una historia en Juan 4:49-54 (NVI) que conmovió mi corazón y que habla sobre un hijo que fue salvado de la muerte. Lo que más llamó mi atención fue la forma en la que ocurrió el milagro. Un padre desesperado tenía un hijo en su lecho de muerte, y se quedó sin opciones. El título de este padre era "oficial real", lo que quiere decir que tenía acceso a los últimos tratamientos médicos conocidos hasta ese momento. Pero nada funcionó, y la salud de su hijo siguió deteriorándose. El tiempo se le acaba a su hijito, y este hombre escogió a Jesús como su última opción. Necesitaba un milagro.

El oficial real le pidió a Jesús que fuera personalmente a su casa, pero Jesús dijo: "No". porque Él iba a hacer algo inesperado. Jesús no se acercó al niño, sino que envió Su promesa con el hombre. "Vuelve a casa que tu hijo vive" (v. 50).

Para un hombre que probablemente nunca recibía "No" como respuesta, esto fue épico. Fue notable, que no sólo le dijeran "No", sino, además, que creyera en la promesa que se le dio. Estas son las palabras que el hombre se llevó consigo mientras viajaba a casa.

El hombre emprendió el regreso a casa, y La Biblia dice: "El hombre creyó lo que Jesús dijo y se fue" (v. 50). Esas fueron las palabras tranquilizadoras dichas a un padre desesperado, y son palabras de aliento para nosotros hoy.

Las palabras de Jesús son tan buenas y seguras para nosotros hoy, como lo fueron para este padre. Oro para que te des cuenta de que puedes tomar la Palabra de Dios contigo y saber que son una promesa de vida.

Cuando el hombre regresó a su casa, fue recibido por uno de sus empleados con la buena noticia de que su hijo había sido sanado. El padre preguntó cuando había empezado a mejorar su hijo.

"Ayer a la una de la tarde se le quitó la fiebre." (v. 52).

"Entonces el padre se dio cuenta de que precisamente a esa hora Jesús le había dicho: «Tu hijo vive»" (v. 53).

La Biblia entonces dice: "Así que él y toda su familia creyeron" (v. 53).

Ese es el poder de la palabra de Jesús. Estaba obrando mucho antes de que el hombre llegara a casa. Ese es el poder de confiar en las promesas de Dios.

Necesitamos una promesa así mientras viajamos al hogar. El hogar del que hablo no es donde resides actualmente, sino donde residirás eternamente. Para llegar a tu hogar celestial, Jesús te dio una promesa que puedes llevar contigo todo el camino hacia el cielo. Así como de Juan 4 tomamos prestadas las palabras de un padre desesperado por que su hijo sanara, tomemos prestadas las palabras dadas a un líder religioso llamado Nicodemo de Juan 3.

Lo que estaba en juego para este hombre no era su vida física, sino la vida eterna. Ese era un asunto mayor. Jesús le hizo la promesa de viajar con él hasta su hogar celestial.

"Te aseguro que quien no nazca de nuevo no puede ver el reino de Dios —dijo Jesús." (Juan 3:3, NVI).

¿Has nacido de nuevo?

Esta es la pregunta más importante que deberás responder en esta vida, porque la eternidad es lo que está en juego.

Jesús le estaba describiendo a este hombre religioso que, así como una persona tiene un primer nacimiento físico, es necesario un segundo nacimiento espiritual. Hace falta nacer de nuevo. La forma en que eso sucede es tan simple como un niño aprendiendo el ABC. Usemos esas 3 letras para describir lo que significa nacer de nuevo.

"A" de "Admitir". Debes admitir que todos estamos dañados por dentro. No puedes

Arreglarte a ti mismo. Tienes una afección llamada pecado.

"B" de "Believe" palabra en ingles que significa "Creer". La única manera de que tu afección pecaminosa sea sanada es creyendo. Debes creer que Dios envió a Su Hijo a sanar esta afección. Murió la muerte se suponía que ibas a morir. Vivió la vida que no podías vivir. Y te ofreció una recompensa que no merecías: el perdón y el cielo. Jesús se convirtió en tu portador de pecados cuando murió en la cruz.

Finalmente, **"C" significa "Confesar"**. Debes confesar a Jesús como Señor. Romanos 10:9 (NVI) dice: "Si confiesas con tu boca que Jesús es el Señor y crees en tu corazón que Dios lo levantó de entre los muertos, serás salvo." Confesar a Jesús como Señor, es decir:

"Jesús, Tú estás a cargo. Estás a cargo todos los días, no solo los domingos."

Jesús dijo que cuando oras debes decir "Padre nuestro" (Mateo 6:9). Pero recuerda, no puedes llamarlo Padre a menos que seas Su hijo. Y no llegas a ser Su hijo a través de un nacimiento físico, sino por un segundo nacimiento, por nacer de nuevo.

Si quieres nacer de nuevo, di esta oración de todo corazón. Deja que las palabras de Jesús sobre nacer de nuevo sean las palabras de viaje que portarás todo el camino hasta la eternidad.

Querido Señor Jesús,

Yo creo que Tú eres el Hijo de Dios. Creo que, en la cruz, Tú tomaste mi pecado, mi vergüenza y mi culpa; y moriste por ello. Creo que te enfrentaste al infierno para que

yo no tuviera que ir; y resucitaste de entre los muertos, para darme un lugar en el cielo, un propósito en la tierra, y una relación con Tu Padre. Hoy, Señor Jesús, me arrepiento de mi pecado para nacer de nuevo. Dios es mi Padre, Jesús es mi Salvador, el Espíritu Santo es mi Ayudante, la Biblia es mi guía, y el Cielo es ahora mi hogar. ¡En el nombre de Jesús, amén!

Has tomado la decisión más importante de tu vida. Habrá momentos en los que pensarás: "Esto es demasiado bueno para ser cierto." La buena noticia es que es verdad, porque Dios es veraz. Cuando enfrentes dudas sobre la decisión que acabas de tomar, aquí tienes algunas promesas que puedes orar.

Cuando necesito **Certeza de mi Salvación**

Tito 3:5 (NVI)

"Él nos salvó, no por nuestras propias obras de justicia, sino por su misericordia. Nos salvó mediante el lavamiento de la regeneración y de la renovación por el Espíritu Santo."

Hechos 2:21 (NVI)

"Y todo el que invoque el nombre del Señor será salvo."

Romanos 10:9 (RVC)

"Si confiesas con tu boca que Jesús es el Señor, y crees en tu corazón que Dios lo levantó de los muertos, serás salvo."

Efesios 2:8–9 (RVC)

"Ciertamente la gracia de Dios los ha salvado por medio de la fe. Ésta no nació de ustedes, sino que es un don de Dios; ni es resultado de las obras, para que nadie se vanaglorie."

Juan 5:24 (LBLA)

"En verdad, en verdad os digo: el que oye mi palabra y cree al que me envió, tiene vida eterna y no viene a condenación, sino que ha pasado de muerte a vida."

Pero Tú dijiste esto... sobre la certeza de la salvación.

Notas

TIMES SQUARE ▣ CHURCH

1657 Broadway NY, NY 10019

tsc.nyc